ひとくち法話

知っておきたい言葉たち

中村 薫

法藏館

…目次…

ひとくち法話

知っておきたい言葉たち

やり直しのきかない人生だが
見直すことはできる。

金子大榮

人間だけは、過去・未来・現在の三世《さんぜ》を通して生きています。過去の出来事を愚痴ったり後悔して生きているのです。また、未来の生き方に不安や恐怖を感じるのが人間です。確かなことは、そういう思いの中にあって、身の事実は今ここに生きているということです。今日の時代を考えますと後期高齢者問題が大きな課題になっています。病気や老いの問題は深刻です。そこには人間の孤独が見え隠れしています。「孤独を楽しむ」と言う人は孤独ではないと思います。

そんな中、金子大榮《かねこだいえい》先生は、人生はやり直すことはできないが、見直すことはできると言われています。「病気になったら病人になりなさい」とも言われています。身の事実に樹《た》つということです。

北海道の坊守《ぼうもり》さんで、ガン宣告を受けた鈴木章子《あやこ》さんは、苦しみの中から病気である身の事実を受け止め、ガンのお蔭で人生を見直すことができたと言われました。章子さんは、「念仏の教えによってガンと共に人生の出発ができた」と言われるのです。

無常だからこそ
今日一日がありがたい。

伊奈教雄

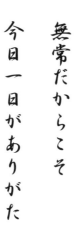

お釈迦さまは、無常を説かれました。この世のすべて、常なるものは何もない。人間も生まれた以上は必ず死ぬのです。生きていれば年をとります。どんなに元気であっても病気になることがあります。生《しょう》・老《ろう》・病《びょう》・死《し》の四苦《しく》は、誰も逃れられない現実です。

一般的に、お釈迦さまは「いのちを大切に」とか、「人間に生まれたことを喜びなさい」と説かれたと思っている人も多いかもしれません。それはあながち間違いではありませんが、そのようには説かれていません。初めから人生は喜びいっぱいであるというよりも、むしろ苦を背負って生まれてきたのが人間であると説かれています。

お釈迦さまは縁起の理法を説かれたのです。ものは縁により起こり縁により滅していくのです。わたしたちは分別《ふんべつ》により、好き嫌い、損だ得だ、良いか悪いか、と計算して生きています。だからこそ、そのような執着《しゅうじゃく》から解放され、今いのちをいただいて生かされてあることが尊いと言えるのです。真宗大谷派僧侶の伊奈教雄《いなきょうお》さんも、無常だからこそ、今日一日生かされてあるいのちがありがたく、尊いと言われるのです。

もしも言葉に沈黙の背景がなければ、
言葉は深さを失ってしまうであろう。

マックス・ピカート

小鳥のさえずり、小川のせせらぎ、心地よい風の音などは人間の心を和《なご》ませるでしょう。それに対して、スイスの医師のピカートは、「現代は騒音の時代」（『沈黙の世界』）と言うのです。車や飛行機をはじめとする機械的な騒音は、人間を不快にしたり、心を苛立たせます。

そして、それにもまして、情報の溢れる現代社会は、また騒音の時代と言ってもよいでしょう。人々は、マスメディアの洪水のように溢れ出る情報を受け、それを整理する余裕すら失ってしまっています。グローバル化した世界で、それぞれの国が「我が国が一番」と大声で自分の主張を喋りまくり、静かに相手の意見を聞こうとしません。そんな現代においてはなおさら、話を聞くことが大事です。仏教ではまず聴聞《ちょうもん》することが大切であると言います。

じつは沈黙の世界によって初めて人間の言葉が深められ、響きを持って伝えられるのです。ピカートはさらに言います。「黙って！　あなたの言葉が聞こえるように」と。また、「愛の中には言葉より多くの沈黙がある」とも言います。人間は大勢いる中で孤独を感じるのです。そこには思考を停止させる騒音があるからです。

一日の空過《くうか》はやがて
一生の空過になる。

金子大榮

時間は、人々に平等に与えられています。その時をどのように有効に使うかは、その人によるでしょう。

子どもの頃は、時はとても長く、その流れは遅く感じました。早く大人になりたいと思っていました。ところが、還暦を過ぎた今、時がとても短く、早く感じるのはわたしだけでしょうか。老いを迎えて、与えられた時間をどう過ごすかはたいへん大事な事柄となってきました。寿命が百年時代と言われると、ありがたいけれど、何をして日暮らしをしたらよいか見つからない人もいると思われます。年金も少なくなると不安になります。

人は、生涯において、若いときにしなければならないこと、また、年をとってからしなければならないこともあるでしょう。しかし、何れにしても大切なことは、今何をなすべきかを知ることです。今できる仕事が見つかったとき、人は今を充実して生きていけるのです。金《かね》子《こ》大《だい》榮《えい》先生は、一日一日が大切であり、今日一日を無駄に過ごすことは、やがて生涯が空しく過ぎてしまうと言われます。明日の希望と夢は、今を生きることから始まるのです。

自分が偉い者と思うと
世の中が暗くなる。

曽我量深

世の中が明るく見えたり、暗く見えたりするのは、自分自身の思いによるでしょう。決して世の中がそうなのではないのです。自分を偉いと思っている人は、多分に劣等感を持っている人だと思います。威張って見せるのは自己顕示欲の強い人です。何か自分が劣って見えるのもまた、他と比較した優越感のなせることです。人間は偉いとか偉くないということではなく、その人がいかに正直に自分自身を見つめられるかどうかなのです。わたしたちは絶えず、自分がどう見られているか気になり、決して他人に弱みを見せたくなく、ついつい虚勢を張ってしまうのです。

それに対して、親鸞聖人は正直な生き方をした人です。聖人は、「自然《じねん》のことわりにあいかなわば、仏恩《ぶっとん》をもしり、また師の恩をもしるべきなり」（『歎異抄』第六条）と言われました。自分を決して偉いとは言われません。ただ師の恩をいただき、自然のままに謙虚に生きる自分自身を見つめていかれました。

曽我量深《そがりょうじん》先生は、自分を偉く見せようと思えば思うほど、世の中が暗くなると言われます。暗いということは、道理に暗いということです。

自己とは何ぞや。
これ人世（生）の根本問題なり。

清沢満之

わかっているようでわからないのが、自分です。わたしたちの目や耳は、外のものを見たり聞いたりするためにあります。だから自分の顔は自分では見られません。まして自分の心の中まではなかなか理解できません。お釈迦さまは、「汝《なんじ》自《みずか》ら当《まさ》に知るべし」（『無量寿経』）と言われるのです。まず自分自身を知りなさいと言われます。しかし、本当の自分自身を知ることは難しいことです。

清沢満之《きよざわまんし》先生は、自分が生まれてきたことや生きる意味について問うことこそ、人生の根本的な問題であると言われるのです。それは古くて新しい問題です。教えを鏡として、自らのあり方を見ることです。それはまた人との出会いです。親鸞聖人は、「法然聖人にすかされまいらせて、念仏して地獄におちたりとも、さらに後悔すべからずそうろう」（『歎異抄』第二条）と言われるのです。絶対的信頼関係です。

わたしたちの人生の目的は、金儲けや、立身出世や、また、病気もせず、長生きすることだけにあるのでしょうか。そうしたことは、わたしたちの人生において関心のあることに違いはないでしょう。しかし、それよりもっと大切なことは、自分自身の生きている真実の意味を問い、本当の自身を知ることです。

一切を打ち明けることができる人を
一人もてたらよい。

高光大船

この頃またマスコミで、子どものいじめについての報道が頻繁に流れています。いじめに遭っている子が、誰にもいじめについて語れず、自らいのちを絶ってしまうこともあります。悲しいことです。どうして誰かに事の事実を語れないのか。何らかの形で「助けて」とサインは出しているはずですが、それが周りの大人たちにキャッチされない。そして、自分を極限まで追い詰めてしまうのでしょう。そんなとき、悩み苦しんでいる子に誰か寄り添うことができれば、その子はいじめから救われたかもしれないのです。

十五歳の西村聡子さんは、「わたしはもう逃げない、わたしはわたしに決して負けない、わたしの全てをみんな、失くしてしまったと泣いたけれど、失くしたんじゃない、逃げていただけだ」（『ヒストリーズラン』5号）と言います。誰も傍にいてくれないと、真実に目を背き逃げていた西村さん。自分の居場所が見つからない間、彼女は現実から逃げ続けていたのでした。

真宗僧侶の高光大船《たかみつだいせん》氏は、「一切を打ち明けることができる人を一人もてたらよい」と言われます。本当に信頼できる人は、一人いれば十分であると言われるのです。

真面目になろうという心で
人間は流転している。

安田理深

真面目に生きることは大切なことです。しかし、またそこに落とし穴があるのです。真面目であることは、時として自己自身を見つめる目を失ってしまうこともあるのです。金子みすゞの「すずと、小鳥と、それからわたし、みんなちがって、みんないい」（『金子みすゞ童話集』）という世界に生きられず、大政翼賛に走ってしまう人々、みんな真面目にそう信じていたのです。

特に今日のような情報過多の時代は、自分で情報をしっかり分析することがなければ、逆に社会に流されてしまうことが多くあります。原発問題、憲法問題、いじめ問題、消費税問題、死刑制度問題、韓国・中国・ロシア等との領土問題など、数え上げたらきりがありません。もちろん、そうした問題と真摯に深く関わっている人は少なくありません。ただそこでわたしたちの注意したいことは、社会問題の根底には、人間の平等ないのちの尊厳の問題があるということです。

安田理深《やすだりじん》先生は、いのちの尊厳を見失って「ただ真面目というだけでは、また限りなく流転し（迷い）続ける」と言われるのです。わたしたちは知らず知らずの間に真面目を装いつつ、国家に追随した生き方をしてしまうのです。

されば朝《あした》には紅顔《こうがん》ありて
夕べには白骨となれる身なり。

蓮如上人『御文』

人間のいのちははかないものです。老若男女を問わず無常なるものです。交通事故などによる突然の死。会社員として毎日頑張っておられたご主人で、出張中にホテルで心筋梗塞で突然亡くなられた人もいます。昨日まで元気だった人と死別しなければならないのも現実です。しかし、わたしたちは自分はいつまでも生きていると思っています。当然、まわりの愛する人といつまでも一緒にいることを願っているでしょう。

蓮如上人は、朝元気であった人でも夕方には白骨となっても不思議ではないのがわたしたちのいのちである、と言われました。蓮如上人には八十四年の生涯で、五人の妻（すべて本妻）と二十七人の子どもがいましたが、子どもに先立たれることも多かったようです。そのうち多い年は四人の葬式を出されました。蓮如上人自身も幼い頃に母と生別され寂しい生活をされていました。ですから家族大勢での生活を望まれたのかもしれません。

蓮如上人の無常感は生活から出たものでした。蓮如上人は死を、遠くに覆い隠すことではなく、わたしたちのいのちは死ぬべきいのちであることを自覚することであると説かれました。だから一日一日のいのちが尊いのです。

一切衆生《いっさいしゅじょう》の救われる道でなければ、
自分は救われない。

金子大榮

分別《ふんべつ》にとらわれている人間は、まず自分の救いを求めていると思います。わたしたちは国家・民族・宗教・家庭などの境遇に左右され、自分の国家・民族さえ助かればよいという自己中心的な考えに終始してしまいがちです。

オリンピック招致の成功は、日本人にとって嬉しいことであるでしょう。しかし、単純に浮かれてはおられない、気にかかることがあります。それは東北・福島の地震・津波、原発事故の被災者の人たちの復興問題です。陸前高田を訪れたとき、復興が思うように進まない現実のなかで、それでもいのちいっぱい生きておられるご婦人から、「わたしたちに寄り添ってください。わたしたちのことを忘れないでください。わたしたちを置いていかないでください」と言われたことが、わたしの脳裏を離れません。言葉では復興と共にオリンピックを迎えようと言ってはいますが、本当に原発事故の放射能汚染の問題はちゃんと解決できるのでしょうか。被災者の人と共に喜ぶことができなければ、オリンピック招致の本当の喜びにはならないと思います。

金子大榮《かねこだいえい》先生は、すべての人が救われて初めてわたしが救われるのであると言われます。絶対に被災地の復興が第一でなければならないと思うのです。

信心というものは若返るものである。
死ぬ準備ではない。

安田理深

人間の生き方は、実年齢では計れないものです。年をとっていても若々しい人もいれば、反対に若者の中にとても年寄りじみた人もいます。人生百年時代と言われるように、老後をどのように生きるかは日本における社会問題となっています。五木寛之氏は「孤独を楽しむ」と言われます。しかし、われわれはそうはいきません。孤独はどこまでも不安です。ただ五木氏は、「本当の孤独に身を置いている時、苦しみから解放される」と言われるのです。

仏教は、年をとってから聞けばよいと言う人もたくさんいます。しかし、果たしてそう言えるでしょうか。

一つの目的を持って生きている人、大きな願いを持って生きている人は、とても若々しく、また、芸術の道に一生懸命生きている人の真剣な顔は素晴らしく感じます。安田理深《やすだりじん》先生は、信心に生きる人は若々しいと言われます。ましてや仏教は年寄りのためではなく、単純に、死ぬ準備のためのものでもないと言われます。若返るとは、人生に生き甲斐を見いだすことです。いつ死んでもよろしい、いつまで生きてもよろしいという、積極的な生き方そのものです。

純真だけれど無反省な人がいる。

毎田周一

いつまでも純真なれ。いつまでも未熟なれ。いつまでも持続せよ。

（大谷大学児童教化研究部綱領）

右の文は、わたしが大学の頃、日曜学校で毎週子どもと共に唱和した綱領です。年をとるということは、この純真性を失ってしまうことでしょうか。純真であることと、いつも自己自身を反省して生活することは決して矛盾しないはずです。しかし現実はそうはいかないようです。たとえば原発問題に関しては、国の政策に純真なまでに加担してきてしまいました。原子力発電は安全です、コストが安くできますと宣伝していました。それをまともに信じてきました。しかし、先の東北地方の地震・津波により、国の安全神話は見事に崩れました。そしていま現に福島の人々を苦しめている原発事故の事実を前にしてなお、また原発再稼働をしてしまったのです。

時に人間は社会に対して批判し、自己自身反省することが大切です。よく仏教と社会問題は別だと言う人がいます。仏教は決して観念の世界ではなく現実の事実に立っているのです。仏教思想家の毎田周一《まいだしゅういち》氏は、純真だけれども社会に目を向けない無反省な人ほど厄介な者はいないと言われるのです。

「自衛」というが、それがいつ「攻撃は最上の防御なり」に転じてゆくか、だれが保証《ほしょう》し得よう。

毎田周一

中国との尖閣《せんかく》諸島の問題、韓国との竹島の問題、ロシアとの北方四島問題、いずれの領土問題も難儀な問題です。もともと地球には境線はないのですが、国家ができると国境ができます。国を守るということは、それぞれの国で大事なことになります。もちろん、話し合いで国境を決めればよいのですが、それぞれの国の歴史、考え方で、互いに譲れないのです。過去の歴史を見れば、強い国が武力により他国を押さえつけ、領土を奪ってきました。

今、世界の国々の多くは抑止力と称して軍事力を強めています。人間は武器を持って安心できるかというとそうではなく、かえって不安になるのです。防衛費五・三兆円の一部でも、国民の福祉や年金に回したらよいのは子どもでもわかります。

毎田周一《まいだしゅういち》氏は、「たとえ自衛ということであっても、いつしか攻撃こそ最上の防御であると、他国と戦争をしてしまうかもしれない」と警告しています。やはり、お釈迦さまの説かれる非武装平和こそが、人類の危機を救うものではないでしょうか。わたしはそう信じています。

他人の心を知ることは何でもない。
自分の心を見ればよい。

毎田周一

わたしたちは自分のことは自分が一番よく知っていると思っています。そして他人の心は何もわからないと思っています。もちろん、自分で自分の顔は見ることはできません。反対に他人の顔はよく見えます。悲しそうな顔。嬉しそうな顔。怒っている顔。その表情を見ればわかります。しかしその心の中まではわからないでしょう。最近、親の虐待、三十代以上の大人の引きこもり（推定六十万人）、幼児無差別殺人等が新たな社会問題になっています。そこでは自分以外の人が信じられなくなっています。そして共通問題は、人間関係がうまくいかないことから始まっているようです。

毎田《まいだ》周一《しゅういち》氏は、自分の心を見れば他人の心もわかると言うのです。たいがいは自分の思っていることを相手も思っているからでしょうか。ですから仏教では、「汝《なんじ》自《みずか》ら当《まさ》に知るべし」（『無量寿経』）と言っています。まず自らを知りなさいと言うのです。しかし、じつは本当の自分を知ることは難しいことです。知ったつもり、わかったつもりで生きているのがわれわれです。他人の心を詮索する前に、まず真実の自己自身を見よというのが仏教の教えであるのです。

限りないいのちに遇って
限りある身を尽くす。

金子大榮

仏教では、無量寿なるいのちを説きます。南無阿弥陀仏とは、無量なるいのちと光を持った仏に絶対的に信頼して帰依する名告《なの》りです。ところが、われわれ衆生のいのちは限りある身を持った寿命であります。われわれは、生《しょう》・老《ろう》・病《びょう》・死《し》の四苦《しく》そのものの中に生きている人間です。

お釈迦さまが、お弟子に「あなたは、あと、どれくらい生きられますか」と質問されました。最初のお弟子は、「来年のいのちは分りませんが、今日一日は大丈夫でしょう」と答えました。するとお釈迦さまは、「あなたは分っていません」と。二番目のお弟子は、「いま食事をしているこの一時は大丈夫です」と。お釈迦さまは、「あなたも分っていません」。三番目のお弟子は、「阿吽の呼吸の間です」と答えました。お釈迦さまは、「その通りだ。いのちはほんの一瞬である」と答えられました。

だから念仏とは、限りあるいのちを持ちながら、永遠なるいのちに帰依することです。限りないいのちによって誕生し、限りあるいのちを生き、また限りないいのちに帰っていく。それを金子大榮《かねこだいえい》先生は、「限りないいのちに遇って限りある身を尽くす」と、限りある身の事実に樹《た》つことを教えてくださっているのです。

苦悩は人間のあり方である。
自分に満足できないから、
相手の幸せが耐えられない。

仲野良俊

人間は苦しみが嫌で楽を求めるものなのでしょうか。満足であり続けることは永遠に不可能なのでしょうか。足るということは、満足、不足、知足があります。たとえ満足したつもりでも状況如何によっては不足にもなります。そんな中で、知足という言葉があります。足るを知ることです。これがなかなか難しいのです。

戦前戦後の貧しい生活からすれば、現代はまるで極楽のような生活です。にもかかわらず、何人の人が幸せを満喫しているでしょうか。一九七五年以後のバブル時代に生まれた人は、昔の人の苦労話を聞いても現代が極楽のようだと納得がいかないのは当然です。物の豊かさだけでは満足できない心が支配し始めたのです。多くの人が孤独と不安をかかえ生活せざるを得ない状況にあります。

世界的には経済大国と言われて久しいこの国です。「隣の芝生が青く見える」のでしょう。自分は自分でよろしいと言うのではなく、絶えず周りに振り回されているのが現実です。仏教学者の仲野《なかの》良俊《りょうしゅん》先生は、「本当に自分自身が満足できない間は、相手の幸せが耐えられない」と言われます。そこに本来の自分を見失っている現代があるのです。

言葉で迷い　言葉で傷つき
同時に言葉で目覚める。（一）

宮城顗

人間の人間たる所以は言葉を持ったことにあります。言葉によって互いの意思を伝達し合い、心と心の交わりを作ってきたのです。しかし、人間は同時に言葉の通じ合わないことで苦しみ悩んでいるのも事実です。また、言葉の正しい意味が理解できず、多くのストレスを感じているのも現実です。

人は物が無く苦しむこともありますが、有っても苦しみ悩むものです。「田畑の有る人は有る人で悩みがあり、無い人は無い人で悩みが有る」（『無量寿経』意訳）のです。そして、多くの人は言葉が有ることによって人間関係に苦しんでいるのです。

言葉は言葉であって具体的事実ではありません。しかし、名古屋名物の「納屋橋饅《なやばしまん》頭《じゅう》」を食べたことのある人は、言葉を聞いただけでその味がわかります。また、「あなたはガンですよ」と聞いた瞬間から苦しみが始まります。人間は言葉の概念に執着して、喜んだり苦しんだりしているのです。反対に浄土は、言葉の要らない世界です。言葉の執着からの解放です。そんな中、宮城《みやぎ》顗《しずか》先生は「言葉によって真理に目覚める」ことができると言われるのです。ですから、言葉に迷い、苦しみ、傷ついたことのない人は、また目覚めることもないのです。

言葉で迷い　言葉で傷つき
同時に言葉で目覚める。（二）

宮城顗

言葉は言葉であって具体的事実ではありません。しかし、言葉に依ってしか、人間は具体的事実を表現できないのです。もしたった一つの言葉を選ぶならば、わたしは「ありがとう」という言葉を挙げたいと思います。ありがとうと言えるような、また言われるような世の中であれば争いはないと思うからです。

「ありがとう」という言葉は、南無阿弥陀仏の念仏に集約されると言ってよいでしょう。かつて米沢英雄先生は、念仏は「請求書でなく領収書です」と言われました。それは、念仏は決して無い物ねだりではなく、ありがとうという報謝の念仏だからです。世間では、念仏では救われないという声をよく聞きます。それはまったく、人間の傲慢な姿勢そのものです。傲慢な人間は、白を黒にし、黒を白にしなければ納得できないのです。じつは念仏は、人間の知識分別の執らわれから、人間そのものを解放するものなのです。

宮城《みやぎ》顗《しずか》先生は、人間は「言葉で迷い、傷つき、また言葉で目覚める」と言われるのです。念仏は、言葉を超えた仏のはたらきです。わたしたちは、ただありがとうと感謝の意を込めて念仏するのです。それが真の自己自身に目覚めることなのです。

隣家から出火し、我が家が焼けた。責任は隣家にあるであろう。しかし火の出た家の隣に我が家があったという存在的責任は逃れられないでしょう。

安田理深

隣家からの出火で、安田理深《やすだりじん》先生の住んでおられた京都の相応学舎《そうおうがくしゃ》が類焼したのです。先生の貴重な蔵書もほとんど焼けてしまいました。その後、全国のお弟子の方たちのご尽力によって、相応学舎は再建されました。学生であったわたしは、友だちと完成間近の学舎の清掃のお手伝いをしていました。そのとき偶然、先生が仮住まいからやってこられて、近くの喫茶店でお話を伺いました。

先生は、「諸行無常の教えを知っていた某教授でも、火災で蔵書が全部焼けてしまったとき腰を抜かしてしまったそうだ」と言われ、人間のものに対する執着の強さについてお話しされました。火災の責任は隣家にあることに間違いはありません。しかし、先生は他人に責任を問うことより、いかなる状況にあろうと、業縁《ごうえん》とも言える身の事実に樹《た》つこと、つまり「存在的責任」に樹つことの大切さを教えてくださったのです。ここで言う業縁とは、良きにつけ悪しきにつけ、すべての事柄の身を引き受けていくことです。思いを離れた身の事実に樹つことです。

念仏とは
我《われ》が我に対話する（仏）道である。

藤代聰麿

念仏を無い物ねだりの呪文として捉えている人もいます。あるいはまた、念仏を商売繁盛・無病息災・延命長寿・家内安全を願う現世利益《げんぜりやく》の念仏と思っている人もいるかもしれません。

人は常々、仏を救いの絶対者として対象化し、現実の自己自身を問うことなしに、仏に救いを求めてしまうことがあると思います。今、仏教者の藤代聰麿《ふじしろふさまろ》氏は、まず念仏申す身の事実は、自分自身を見つめることであると言われるのです。

わたしたちの日常生活では、ともすれば現実の欲望に執らわれて本当のことが見えないことが多くなっています。金子みすゞは、「青いお空のそこふかく、海の小石のそのように、夜がくるまでしずんでる、昼のお星はめにみえぬ。見えぬけれどもあるんだよ」（『金子みすゞ童話集』）と言っています。わたしも長い闘病生活をして、家で養生をしていました。すると庭の草花がたくさん目に入ってきました。それまでも見ていたはずなのに見ていなかったのです。大事なことは、仏の説く真理の前に自身を見つめ、そこで自分の心の奥底にある魂と対話することです。念仏が真実の自己自身に出会い続けていく生活そのものの中にあることは、言うまでもないことです。

わたしは「らい予防法」により、
療養所に強制隔離され
自由を拘束されました。

伊奈教勝

伊奈教勝《いなきょうしょう》さんは、「法治国家に生きる人間は、法によって守られるべきなのに、「らい予防法」は、知らないうちにわたしの人生を縛り付けるものであった」と述懐していました。今方に、「特定秘密保護法」が制定されましたが、かつての「治安維持法」「スパイ防止法」を彷彿させるものに他なりません。

「特定秘密保護法」が直ちに国民を取り締まるものではないと言いながら、何が「秘密」かも知らされていないのです。知らない間に国民を拘束するものになりはしないかと危惧するのは、わたしだけでしょうか。わたしは日本が好きだし日本人であることに誇りを持っています。しかし、それよりもっと大切なことは、国家・民族を超えた世界全体の平和を願うことであるのです。そもそも秘密を持つこと自体が、権力者のおごりと不安そのものを表しています。仏教の世界は一切の秘密の要らない世界を願うことです。理想的に言えば、すべての人が平等に暮らし、一人ひとりの人権を保障するものこそ浄土と言ってよいでしょう。わたしたちの本来の願いは、そうした浄土を建立することに尽きるでしょう。

罪の身を　蚊にも喰わせぬ　凡夫かな

句仏上人

お釈迦さまは、弱肉強食の現実を目の当たりにされて「あわれ生き物は互いに食《は》み合う」と言われました。奪っても奪われてもならないのが、いのちの尊厳です。かつて自殺願望欲の人が、多くの人を道づれにいのちを絶ちました。評論家の人は「死ぬなら一人で死ねばいい」と言っていました。これは間違いです。どんな状況でも「殺すことなかれ、生きよ」というのがお釈迦さまの願いです。しかし、人間は生きるためとは言いながら、他の生き物を無用に殺生しています。わたしたちの口に入れるものは、もとは必ずいのちあったものです。殺生を嫌いつつも、他のいのちをいただいて生きているのが現実です。

お釈迦さまは、蚊やハエのいのちも人間のいのちも平等であると言われます。しかし、わたしたちは自分の都合勝手によっていのちを差別し、しかも差別していることすら無自覚に生きています。句仏上人《くぶつしょうにん》（真宗大谷派二十三世大谷光演）はそんなわたしたちのことを罪の身と言われました。その罪深い人間は、自分の身に痛みを伴うことを嫌い、平気で蚊を殺しています。ただインドの修行僧は、払子で虫を払って無用な殺生はしなかったそうです。

出会うということは
出会い続けていくこと。

宗正元

東北地方の地震・津波から、数年の時が過ぎました。少しずつ復興しているとはいえ、それは遅々たるものです。被災地の人と毎年出会いを重ねています。一度目はほとんどお話はできませんでした。二度目は、津波のことを事細かくお話ししてくださいました。今まで口を閉じて語らなかった自分のことを語り始められました。両親の死、妹さんの死、自分がどのような状況の中でいのちが助かったのか等、詳しくお話しくださいました。これからどのように生きていくのかを語られたときの目は、輝いて見えました。また今年の夏にもお会いする予定です。そこでまたどんな出会いができるか楽しみです。

現代社会は何度も何度も出会い続けていくことに希薄かもしれません。政府は地震・津波はもとより、福島の原発事故に対しては、口先ではともかく、もう過ぎ去ったことのように扱っているようにも見えます。一方、金の切れ目が縁の切れ目と言われるような、自己中心的な生き方をしている現代人です。連絡事などは、インターネットや電話で事足りるかもしれません。しかし、やはり人間は、目と目を合わせて出会い続けることが大切なのです。

時に韋提希《いだいけ》、幽閉せられ已《おわ》りて、
愁憂憔悴《しゅううしょうすい》す。

『観無量寿経』

王舎城《おうしゃじょう》の悲劇で、阿闍世《あじゃせ》に殺されそうになった韋提希夫人《ぶにん》は、いのちと引き替えに幽閉の身となりました。そこで、いのち助かったのであるから喜ぶべきなのに、憂鬱（憂いに沈む）になってしまったというのです。人間は自分のことしか考えないのです。しかし、韋提希夫人は自らのいのちが危ぶまれても、頻婆娑羅王《びんばしゃらおう》のことを心配しているのです。その理由は、一つ目は、頻婆娑羅王が再び食を断たれ、おまけに自分の幽閉の事実を聞いて、また悲しみのあまり、生き延びていけるであろうかという心配です。二つ目は、幽閉されて、もうお釈迦さまやお弟子の教えを聞けないという思いです。三つ目は、自分自身も王宮の奥に閉じこめられて、自分には何一つ自由はきかず、このまま死んでいかなければならないのかという思いがあったからです。

先の東北地方の地震・津波で家族を亡くした人が、自身は折角助かったのに深い絶望感に苛まれたと言っておられました。愛する人との死別は、自らの身を切るほど辛い悲しいことです。人は人との関係の中で生きるものです。その関係を絶たれた時、人間は愁憂憔悴するのです。

お念仏は讃嘆《さんだん》であり、懺悔《さんげ》である。

金子大榮

金子大榮《かねこだいえい》先生は、「お念仏は讃嘆である」と言われます。この讃嘆とは、もとより供養讃嘆の意味です。亡き人を縁として、仏法聴聞《ちょうもん》することです。したがってそこには、懺悔の心が大切になってくるのです。懺悔とは、今日まで作り続けた悪業煩悩《あくごうぼんのう》に振り回されている自己自身を知ることです。ところが、中にはお念仏をまるで呪文のように称え、無い物ねだりのように考えている人もいます。

昔の人がよく、「如来さまがわたしの口から念仏となって出てくださる」と言われたことが思い出されます。念仏は、自分の口から出てくるものでしょうが、じつは、わたしの計らいを一切超えたものです。だからお念仏申す身にさせていただいた証は、ソロバン勘定を超え、聴聞に身を運ぶ自分に出会うことです。曽我量深《そがりょうじん》先生は、「如来我となりて我を救いたもう。如来は我なり、これ法蔵菩薩の降誕《ごうたん》なり。我は我なり、如来は我なり、されど我は如来にあらず」と言われました。如来とわれの関係は、讃嘆と懺悔だと捉えてよい。そこに如来と我の分限を明らかにされました。だから、ただ念仏する身になることしか真実に生きるということはあり得ないのです。

仏教にいちばん大事なのは
言葉に感動すること。

安田理深

人間は、ともすれば自分の経験や分別を頼りにして物事を判断しているかもしれません。論理的に計算され、目的を達成することを主としているからです。だから、トライアンドエラーでは困るのです。しかし、このエラーが大事なのです。挫折と言ってもよいでしょう。その挫折こそが人間を育てることもあるのです。特に会社的人間は、完璧に事を進めることが要求されるのです。失敗は許されません。決して本流からはみ出たり、挫折をよしとしない世界なのです。現代ではその完璧主義は、教育の中に組み込まれています。ですから若者はちょっとした失敗で挫折し、しかも立ち上がる術を習っていないのです。そうした戦々恐々とした世界では感動はありません。

そこでは感動という芽は育たないのです。安田理深《やすだりじん》先生は、「こと仏教に関して最も大切なことは言葉に感動することだ」と言われるのです。言葉を覚えて理解することも大切なことですが、それよりも、「なるほどそうか」と膝を叩いて感動することです。その言葉によって立ち上がらざるを得ないような、身の震えんばかりの感動です。人生にとって、言葉の感動に出会うことは最も大切なことなのです。

喜びが出てくれば悲しみがなくなると
いうようなものではない。

金子大榮

娘がお浄土へ帰って十六年の歳月が流れました。今でもその時の悲しみは引きずっています。十数年の月日の流れの中にあって、わが人生は悲喜こもごもです。

わたくし事ですが、住職として本堂修復の大仕事を成し終えたことは、まったく仏祖のご加護と、喜びは絶えません。多くのご門徒のお力添えによって本堂修復落慶法要を勤めさせていただいたことは大きな喜びです。また、永年勤めさせていただいた大学勤務も無事定年を迎え、感慨無量です。わたしの知る知らないにかかわらず、多くの人にお世話になりました。

そんなときいつも、「娘がいてくれたら」「なぜ娘は自らいのちを絶っていったのか」と思わずにはいられません。しかし、よくよく考えてみれば、娘はいつもわたしの傍に寄り添っていてくれます。わたしは、あと何年生きられるかわかりません。生きている限り娘と共に聞法《もんぼう》していくつもりです。そうするとなぜか寂しくないのです。そして金子大榮《かねこだいえい》先生が、「喜びが出てくれば悲しみがなくなるというようなものではない」と言われることは、まったくその通りだと思われます。今、わたしは、亡き娘と共に悲喜こもごもの人生を歩んでいます。

浄土ばかりが往生でなく、
穢土《えど》にも往生する。

安田理深

「往生」という言葉は、言葉であって具体的事実ではありません。言葉は観念的であると言えます。しかし、言葉によって現実的なことを表すことができるのです。往くことは還ることを意味します。それは願生《がんしょう》浄土《じょうど》の道なのです。われわれは単に、穢土を離れて浄土に向かうのではありません。むしろ穢土が浄土を包むとも言えるのです。しかしわたしたちの関心は、死後往生なのか、現世《げんせ》において往生するのかに分かれます。即身成仏《そくしんじょうぶつ》と言われるように、この現世において仏になると考える教えもあります。わたしは未来の無い現在はあり得ないし、現在の無い未来もあり得ないと思います。

浄土真宗では、阿弥陀如来の本願を信じて念仏すれば、仏になると言います（『歎異抄』第十二条）。また、「自力のこころをひるがえして、他力をたのみたてまつれば、真実報土の往生をとぐるなり」（『歎異抄』第三条）と言います。念仏は、時間・空間を超えた世界です。それは外面的に見えるようなものではありません。念仏はどこまでも内面的なものです。死後を包んで現世に往生することを意味するのです。安田理《やすだり》深《じん》先生は、「浄土ばかりが往生でなく、穢土にも往生する」と言われるのです。

南無阿弥陀仏を
一番安物だと思っていないかね。

安田理深

念仏は、わたしたちに人間のいのちの尊厳を伝えてくださるものです。わたしたちのいのちは、唯一・一回性のいのちです。それは二度と繰り返しのきかない、たった一度の、他に取って代わってもらうことのできないいのちです。だからこそ、仏は、わたしたち一人ひとりのいのちを愛おしみ、いのちいっぱい生きよと叫び続けていてくださるのです。

わたしが腎不全で長期入院していたとき、あまりの苦しさに「ここで死んだ方が楽かな」という思いに駆られました。不眠が続き食欲もなくなり、精神的にもかなりまいってしまいました。夜中、大きな声で「南無阿弥陀仏、南無阿弥陀仏」と念仏を称えました。もちろん痛みが消えたわけではなかったのです。それは自力の念仏であったからです。そこで如来他力の廻向《えこう》の念仏に立つしかないと気づきました。

そんな中、わたしたちはともすれば、念仏を何か願いを叶えてくれる呪文のように捉えている人もいるかもしれません。そうすると、何時でも、何処でも、誰にでも称えやすい念仏を、安田理深《やすだりじん》先生は、逆に「一番安物だと思っていないかね」と指摘されるのです。

人間に生まれて
真理の声を聞かずに終われば
生まれてこなかったと同じだ。

安田理深

人間は何のために生まれてきたのか。それはお釈迦さまの「天上天下唯我独尊《てんじょうてんがゆいがどくそん》」という誕生宣言で明らかにされています。人間は独りにして尊ばれるいのちを持って生まれてきているのです。それは、おれだけが特別に偉いということではありません。人間は、何のために、何処に向かって生きていったらよいのか、これは人々の永遠なる課題でしょう。

現代人の多くは、経済に関心を持ちソロバン勘定に奔走しているのが現状かもしれません。豊かさと、快楽を求めて、ただただ自己の健康管理のためにだけ時を費やしているのが現状といってもよいでしょう。

安田理深《やすだりじん》先生は、「せっかく人間に生まれても、如来の真理の呼び声を聞かずに人生を終わったならば、生まれた意義も見いだされず、むしろそれは生まれなかったと同じである」と言われるのです。わたしたちのいのちは、人として生まれた意義を求めていく責任があるのです。それが如来の真理に目覚めることです。足す必要も引く必要もない、ありのままの自身であることです。

真のいのちは波及する。

金子大榮

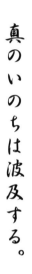

最近は家族葬と称して、自分たちの都合で、葬儀を簡略化している傾向にあります。もちろん派手にする必要はありませんが、本当に亡き人のいのち、願いを受け継いだ葬儀になっているか疑問です。村八分という言葉があります。『広辞苑』（第五版、一九九八年）を見てみますと、「江戸時代以降、村民に規約違反などの行為があった時、全村が申し合せにより、その家との交際や取引などを断つ私的制裁」とあります。ここでなぜ八分かというと、二分は付き合うということです。その二分が冠婚葬祭です。今は専門の会社が主導するようになりました。しかし少なくとも戦前までは村落共同体という絆があったのです。

かつて元検事総長の伊藤栄樹氏が『人は死ねばゴミになる』という本を出されました。氏は仏教徒の家に生まれた方です。わたしは、人間のいのちは生きても死んでもゴミではないと思います。人間の生きる喜びは、人間関係の中に生きることにあります。そんな中、金子大榮《かねこだいえい》先生は、いのちは肉体的なもののみでなく、願いであると言われるのです。真のいのちは、人々に生きる力を呼び覚ますものであり、その願いは、周りの人々に及んでいくということです。決して自分だけのものではないのです。

世界で一番恐ろしい病気は、
孤独です。

…………… マザー・テレサ ……………

先日インドのバナラシで、「死を待つ人の家」へお伺いしました。二人の老人が死を待っていました。その一人で七十六歳になる老人の家族としばらくお話しする機会をいただきました。息子夫婦と孫と四人で、四日前にガヤの近くから来たそうです。息子さんからお話を聞くと、お父さんはガンの病を抱え死を覚悟したそうです。

老人はここへ来て、少しの水とミルクを口にするだけでした。そして、いのち終わったらガンジス河のガートで火葬するというのです。わたしが、老人の手を握り目をじっと見つめると、とても穏やかな顔をされていました。老人が息を引き取るまで、家族全員で寄り添うそうです。その時、老人の幸せそうな顔を見て、マザー・テレサの「世界で一番恐ろしい病気は、孤独です」という言葉が心に浮かびました。また、遠藤周作氏の『死海のほとり』に出てくるイエス・キリストが、ハンセン病患者のいる谷底へやって来た時の話を思い出しました。人々はイエスに奇蹟を要求したのですが何も起こりませんでした。何もできぬ人という烙印を押されたイエスは、ただ病人の手を握り「そばにいるあなたは一人ではない」と言って、息を引き取るまで握りしめていたというのです。

仏教が教養になったとき
堕落が始まるのです。

安田理深

仏になる道を学ぶことと仏教について学ぶこととは違います。これを古来より解《げ》学《がく》・行学《ぎょうがく》と二つあると指摘しているのです。解学とは、仏教を知識として学ぶことです。もちろん仏教教義を学ぶことは大切です。しかし、さらに重要なことは、生活の中で仏教の教えに出会うことです。これを行学と言います。それは人間の真実の救済、お釈迦さまの到達した覚りにわれわれも到達することを目的としています。知識が大切であることは言うまでもありません。しかし人間は同時にその知識分別《ふんべつ》に執着してしまうのです。そうすると物事を多く知った人が優位に立ち、知らない人が劣位に置かれます。しかし劣位の人こそ同時に執着を捨てられるのです。

親鸞聖人は、「よしあしの文字《もんじ》をもしらぬひとはみな　まことのこころなりけるを善悪《ぜんまく》の字しりがおは　おおそらごとのかたちなり」（『正像末和讃』）と言っておられます。親鸞聖人在世の当時、文字の読めない人の中に念仏の教えが生き生きと輝いていたのです。仏教で大事なことは、教養のための仏教ではなく、善《よ》き人を求め法縁に会うことです。安田理深《やすだりじん》先生はその点を、堕落という厳しい言葉で言われました。その意味は重いものです。

虚偽の中で虚偽を重ね、
あなたは何者になろうとするのか。

平野修

とうとう「特定秘密保護法」に続いて、「集団的自衛権」の行使を容認する「安全保障関連法」が衆議院で強行採決されてしまいました。一度でも自衛隊を海外派兵したら、歯止めがきかなくなってしまいます。戦争は、常に偶発を装って起こされますが、それは決して偶発的ではありません。ある国会議員が「北方領土は戦争で奪わなければ返ってこない」という趣旨の発言をしました。そんなことを言う前に、話し合いでお互い理解し合うことの方が大切です。たとえ何年かかってでもです。戦争は、用意周到に練られた作戦行動に違いありません。安倍晋三総理の愛国心は怖いものです。このままだと「憲法九条」が崩れます。後々の世の人のために何としても守らなければならないのが九条です。

お釈迦さまは「国豊《くにゆた》かに民安《たみやす》し。兵戈《ひょうが》用《もち》いることなし」(『無量寿経』)と言われました。国が豊かで民衆が安らかに暮らすには、軍隊や武器を用いないことです。むしろ軍隊や武器を持ったら、使いたくなるのが人間の常でしょう。安倍晋三政権は、国民に事実を知らせず、嘘に嘘を重ね、日本をどこに導こうとしているのか。日米安保より「憲法九条」による非武装平和こそが、永遠に続く平和ではないでしょうか。

言葉にされた約束は、言葉がそれを裏切りやすい。それでは、破るためにに約束したことになる。

むのたけじ

安保法案が衆参両院で可決されました。これでいつでも国際貢献と称して戦争のできる国になってしまいました。でも国民のほとんどはあまり恐ろしさを感じていないかもしれません。防衛費も年間五兆円を超えました。まさかということが着々と進行しているのです。国会における強行採決は、民主主義の根幹を揺るがすものでした。しかもこの法案と米国の「アーミテージ・ナイ報告書」の対日要求とは、ほぼ同じ内容です。安倍晋三総理は「わが国の平和と国民の安全を守る」ための法案であると繰り返すだけです。しかし、この後「徴兵制」があるのではないかという国民の疑念に対して、「憲法十八条があるので絶対あり得ない」と答えました。そもそも憲法九条の勝手な解釈で法案をごり押しする人の言葉など、信用できるのでしょうか。この法案は違憲であることは自明です。ジャーナリストのむのたけじ氏は、「言葉にされた約束は、裏切り、破るための約束だ」と言いました。総理の二転三転と変わる国会答弁でよくわかったと思います。今こそ国の動向をしっかり見つめ、政治家の嘘を見破らなければならないでしょう。二度と戦争する国にならないために。

如来我となりて我を救いたもう。
如来は我なり、
これ法蔵菩薩の降誕《ごうたん》なり。
我は我なり、如来は我なり、
されど我は如来にあらず。

如来とわたしの関係をこれほど端的に述べた言葉はないでしょう。わたしはわたし、如来はわたし自身、しかしわたしは如来ではないと言われるのです。これは大事なことです。この一点が混乱すると、教えを共に聞く聞法そのものが、いつの間にかわたしが如来になり、また教祖になってしまうのです。新宗教ならともかく、浄土真宗では教祖はいらないのです。

曽我量深《そがりょうじん》先生はどこまでもわたしたちの凡夫性を追求されました。「如来我となりて我を救いたもう」と感得されたのです。ここに凡仏一体の如来と我の関係が成立するのです。如来が如来自身になるには、すべての人々を済度《さいど》しなければという誓願があるのです。曽我先生は「如来は我なり、これ法蔵菩薩の降誕なり」と言われます。法蔵菩薩の物語は単なる神話ではなく、わたしたちを「人間として生きよ」という法蔵菩薩自身の誕生であったのです。わたしもかつて百五十日の療養生活の中で、仏さまは本当にわたしを救ってくださるのだろうか、と思いました。いくら念仏を称えても痛みは消えません。そんな苦しみの中で、仏さまは必ずわたしを救ってくださるという確信に触れたのです。それが曽我先生のお言葉でした。

一宗の繁昌《はんじょう》と申すは、人の多くあつまり、威《い》の大なる事にてはなく候う。一人なりとも、人の、信を取るが、一宗の繁昌に候う。

…… 蓮如上人『蓮如上人御一代記聞書』……

一宗の繁昌とは、たくさんの人が念仏の教えを聞き、教えを中心に生活を喜ぶ信者さんが多く誕生することでしょう。お寺の報恩講、春秋のお彼岸法要など大勢の参詣者に埋まる寺ほど繁昌していると思われがちです。それはそれでありがたいことです。しかし、蓮如上人は、一人でも信心を取る人がいればそれこそが繁昌であると言われるのです。具体的には一人の聞法者《もんぼうしゃ》を生み出すことです。仏は一切衆生をすべて救済したいと願われたのです。しかし、また汝一人が目当てであるとも言われました。

具体的には王舎城《おうしゃじょう》事件で苦しむ韋提希《いだいけ》一人のため、霊鷲山《りょうじゅせん》の説法を中断されたのです。今、大勢の人の説教も大事ですが、まずは韋提希一人のために『観無量寿経』が説かれたのです。これは大変なことです。仏法はそうした無理をするのです。そして、晩年「阿闍世《あじゃせ》一人のため涅槃に入らず」と言われたのです。父親殺しの罪の意識で苦しむ阿闍世一人を救おうとされました。蓮如上人も、たくさんの人がお参りくださることはありがたいことであるが、大切なことはご門徒一人の信心を得ることであると言われるのです。

貧乏とは少ししか持っていないことではなく、無限に欲があり、いくらあっても満足しないことです。

……………ホセ・ムヒカ大統領……………

右の言葉は、元ウルグアイ大統領のムヒカ氏がブラジルで講演されたときの言葉です。それは環境が悪化し、地球の未来について話し合う国際会議でのことでした。

ムヒカ氏は、目の前にある危機は地球環境の危機だけでなく、わたしたちの生き方にあると指摘されます。他人より豊かになるために競争する現代です。そこでは、他人を思いやる心すら失ってしまっています。国や民族や宗教のエゴにより戦争を繰り返しています。食糧もなく国を追われている難民も数え切れません。アメリカのトランプ大統領は、「アメリカ第一主義」を掲げ、メキシコからの難民をバリケードを張って受け容れません。なんと悲しいことでしょうか。

社会の発展が、人間の幸せを損なうことがあってはなりません。ムヒカ氏は地球上に愛があることが大切であると指摘するのです。

日本の清沢満之《きよざわまんし》先生も、小欲を指摘します。われわれの悩み苦しみは、多欲より起こると言うのです。だから小欲に徹する修養が大切であると言います。洋の東西を問わず、人間の本当の幸せは自分も他人も共に幸福になることです。

信心獲得《ぎやくとく》ということと、
煩悩があるということは、
何も矛盾せん。

安田理深

仏道を求める者にとって、一番大切なことは、仏の教えを信じることです。ところが、わたしたちは、信心を得たと思い込んでいることが多々あります。じつはその思い込みが、自分自身の救いを一番遠ざけてしまうのです。それが恐ろしいのです。つまり、それは現実の課題に目を閉ざしてしまって、無関心な生き方をしてしまうことにつながるからです。

仏法を求めている人の中に、信心を求めている身にとって、社会問題に関わっていく暇がないと言う人もいます。曽我《そが》量深《りょうじん》先生は、「新聞紙と赤表紙の間で教学しなさい」と言われました。新聞紙とは現代の諸問題です。赤表紙とは聖典です。もちろん、信心獲得は大事なことですが、ただ信心にとらわれたら、現代の抱えている課題が見えなくなってしまうのです。たとえば、原発の事故に対しても過去のこととして、また再稼働を繰り返そうとする身勝手さです。そうではなく、信心を得ることは、いのちを蝕むような社会問題を正面から受け止めることなのです。安田《やすだ》理深《りじん》先生は、信心獲得と煩悩具足の身であることは、矛盾しないと言われるのです。正しく親鸞聖人の「不断煩悩得涅槃《ふだんぼんのうとくねはん》」と言われることと同じです。

心《しん》を弘誓《ぐぜい》の仏地《ぶつじ》に樹《た》て

……………親鸞聖人『教行信証』……………

右の文は、親鸞聖人が本願念仏の教えに出会った慶びを表したものです。

一般的には、「大地」に「立つ」というのは、身の問題です。足の裏が大地によって支えられていることです。ところが親鸞聖人は、「心」を「仏地」に「樹て」と言われるのです。親鸞聖人は、「たつ」という字を「立つ」ではなく「樹つ」と言われるのです。親鸞聖人は、「立つ」と「樹つ」を明確に区別しています。身は「立つ」で、心は「樹つ」と言うのです。この「樹」という字は、樹木を表すと言ってよいでしょう。一本の大木も地中に多くの根を張っているのです。風が吹いても倒れない木を育てています。それはわれわれの目には見えません。しかし、目に見えない根があって、初めて幹や枝や葉っぱが存在できるのです。その見えないものを通して、心を如来の本願の仏地に樹てと言われるのです。わたしたちのいのちも、見えないものに支えられ、生かされてあると言ってもよいでしょう。それはまたお蔭様の世界と言ってよいでしょう。わたしたちのいのちは、わたしの知らない多くの人のお蔭によって支えられているのです。決して自分の力だけで生きているのではないのです。

仏法を聞くということは、
夢から覚めるということです。

和田稠

釈尊の教えの基本は、自ら真理に目覚めることです。真理は人間の考える善悪を超えています。わたしたちは「鬼は外、福は内」という言葉に象徴されるように、都合に合うことは受け容れるが、嫌なことからは逃げたいという思いがあるのです。中には欲が満たされることを望んで仏教に関わる人もいます。

今、真宗念仏者の和《わ》田《だ》稠《しげし》先生は「仏法を聞くことは夢から覚めることである」と言われます。仏法は決して夢見て眠り続けることを望んではいません。現実から目をそらし眠らせられるのが宗教とは言えません。わたしたちは病気になったり、家族が仲良くなれなかったりしたとき、思うようにならないとき、その願いを叶えてくれるであろう宗教に救いを求めるかもしれません。しかし、大切なことは、身の事実に樹《た》つことです。救われるなら信じるけれど、救われないなら信じないというものではないのです。どのような状況に遭おうが、仏はすべての人を引き受けると誓われたはずでした。その仏の誓いを聞くことが、わたしたちの救いとなるのです。現実を誤魔化して眠らせるような宗教は本物の宗教とは言えません。現実の事実に目覚めよというのが、仏の本来の願いなのです。

人生が生き詰まるのではない。
自分の思いに行き詰まるのである。

安田理深

一九〇三年、旧制一高の学生であった藤村操さんが「人生不可解なり」と言って日光の華厳の滝に飛び込んだことはご承知のことと思われます。藤村さんは、自らの人生観を確立できず悩み続け、「巌頭無感《がんとうむかん》」と書き残していました。人生を真剣に考えての上であったと思います。

それに対して、今日のわれわれはどうでしょうか。思い通りにならないと、社会や他人のせいにして、自己を正当化します。先日も、警察官を殺して、しかも拳銃を奪って逃げていた男が、自分のしたことを反省するよりも、社会が悪いからこうなったのだと嘯いていました。そして自分は病気だからこのような行動に移ったのだと、わけのわからない言葉を発していました。また、使い走りさせていた仲間が、無視しLINEの返事がないからという理由でいのち奪う少年。身体の不自由な人を蔑視し、生きている意味がないと殺してしまった元介護師。数え上げたらきりがありません。安田理深《やすだりじん》先生は、「人生が行き詰まるのではない。自分の思いに行き詰まるのだ」と言われます。行き詰まった自分の思いから解放されるには、真実の教えに出会うことです。

往生は心にあり、成仏は身にあり。

曽我量深

身と心は、必ずしも一つにならないのです。仏教では、身心脱落《しんじんだつらく》、身口意三業《しんくいさんごう》などと、必ず身が先です。医学の世界では心身症などと、心が先です。さらに病一つについても、病気になることと病人になることとは違います。ガンを告知され「あなたのいのちはあと半年です」と言われ、「そうか半年後なら今日は酒飲んで寝ようか」というわけにはいかないでしょう。告知された瞬間から、死への不安や悩みが始まるのです。わたしも百五十日間の入院をしました。急性肺炎と腎不全と両方でした。毎日数本の点滴と股にカテーテルを入れて緊急人工透析をしていました。身は正直に生きよう生きようとしているのに、心は本当に治るのかといろいろ悩みました。

そんな中で、仏教では身の事実に樹《た》つことを教えます。その理由は、心は初めから当てにならないから、そうした心を対治《たいじ》しなければならないと言うのです。それを信心獲得《ぎゃくとく》と言います。曽我量深《そがりょうじん》先生は「心が往生し、身が成仏する」と言われます。身はすでに存在的事実を受け容れている。にもかかわらず、心が妄念妄想しているのです。その心をすでに救われてある身に従うことが大事です。それを願生《がんしょう》浄土と言います。そして念仏して成仏するのが、浄土真宗の要の教えなのです。

悪口を言いながら
その人に親切を尽くしている。
人間というものは面白いものだ。

毎田周一

仏教では、愛憎違順《あいぞういじゅん》を説きます。愛と憎しみは裏腹です。愛が強ければ強いほど憎しみも強くなることもあります。友だちに裏切られれば、逆上して相手の人生を破壊してしまう行為もするのが人間かもしれません。

そこまではしなくとも、親子、夫婦、嫁姑など身近な人間関係において、悪口、不平、不満が出てくるのは常です。わたしは、あなたにこれだけ尽くしているのに、わたしの言うことを少しも聞いてくれないと愚痴が出ます。悪口を言いながら、その人に親切を尽くしているのです。悪口を言うくらいなら、親切にしなければよいのに、ついついしてしまうのです。特に母親は子どものことを心配しながら愚痴を言います。そして子どもにどれだけ嫌われようが子どものために尽くしています。人間は理屈や損得だけでは生きていけないこともあります。

仏教者の毎田周一《まいだしゅういち》氏は、「本当に他人に尽くして腹を立てるくらいなら、無視すればよいのに尽くしている。不思議な世界に生きている。面白いものだ」と言うのです。その面白い世界が希薄になった時代が現代の一面です。他人と関わらないでおこうという人間が増えてきた現実は、危惧せざるをえません。

ま（今）はさてあらん

（まあそんなもんだ）

『恵信尼消息』

親鸞聖人ほど正直な人はいないでしょう。二十九歳のとき、「雑行《ぞうぎょう》を棄《す》てて本願に帰す」と念仏ひとつで生きる決断をしたのです。ところが、四十二歳で茨城の佐貫へ行ったとき、貧困と流行病により民衆の多くは地獄の苦しみを得ていました。その現状を見た親鸞はいたたまれなくなり、御堂に籠って浄土三部経の読誦《どくじゅ》を試みたのです。しかし、それで人々の病気が治るものではないことに気づき、読誦を止めたのです。

また、親鸞聖人が五十九歳のとき、四十度近い高熱にうなされ、三日目の朝、突然「ま（今）はさてあらん」とつぶやいたのです。傍にいた恵信尼《えしんに》が、どうなさいました？　戯言《たわごと》ですか？　と尋ねました。親鸞聖人はきっぱり言い切ったのです。「戯言でない」。実は熱にうなされている間、浄土三部経を読誦していたのでした。人間の自力の計らいを捨て切れない我が身の執着心を改めて思い、懺悔したのでした。親鸞聖人は五十九歳までの揺れ動く心を、正直に恵信尼に告白するのです。人間は自分の弱さを見せたくないものです。見栄と外面にとらわれている間は、真実の自分を知られたくないのです。いくら頭でわかっていても、状況如何においていろいろな姿を現すものです。そこに親鸞聖人の正直な生き方がわかると思います。

一人ひとりが
それぞれの存在の意味を持って
存在しておる。

藤元正樹

現代は人間性喪失の時代と言われています。特に若者に将来の夢と希望が見いだせないのが現実です。自分が人間として生まれた意義と喜びがわからないのです。

十数年ほど前、浜崎あゆみの「A song for XX」の中に、「居場所がなかった　見つからなかった」という言葉がありました。若者にとって学校でも、家庭でも、友だちとの会話の中でも、自分の存在の意味が見いだせないのです。いくら悩んで探しても見つかりません。また「POWDER SNOW」では、「泣きたいだけ泣いてもいい？大声で叫んでもいい？」と問いかけ、さらに癒やしの言葉が続きます。癒やしを否定するわけではありませんが、癒やしでは人間は救われないのです。思い通りにならない自己の生きている事実に気づいたとき、本当に仏の教えが仰がれてくると思います。本当の救いはそうした身の事実に樹ち、そこに足を下ろすことです。現代的に言えば、自身の居場所を明らかにすることです。最近、交番を襲撃して警察官の拳銃を奪い、関係ない人を殺してしまう事件がよく起きています。いろんな家庭の事情があるでしょうが、生まれてくるんじゃなかったと、自虐的になる少年がいました。しかし、念仏者は、一人ひとりがこの世に生まれた意味を持っているのです。

「殺」の上に成り立っている日暮らし、
それがわたしたちの日暮らしである。

広瀬杲

仏教では、自ら殺すのと、他人に殺させるのと、どちらが罪が重いかと問います。また、知っていて殺すのと知らずに殺すのと、どちらが罪が重いかと説きます。常識的にみれば、自ら殺す方が悪い、知っていてする方が悪いと思うでしょう。しかし、仏教では、他人に殺させ、また知らずに殺す方が「殺」に対する自覚が乏しいので重いと説くのです。食卓に出された魚・肉を見ても「殺」に対する意識はないと思います。わたしたちが口に入れることのできるものは、もと皆いのちあったものです。たとえば、牛は牛肉処理場で殺され、その牛を他人に殺させておいて平気な自分です。そこに牛のいのちを見いだせない。そうした無自覚な人々の生き方が、多くの差別を生み出しています。これらの無自覚な人に対して、広瀬《ひろせ》杲《たかし》先生は、「殺」の上に成り立っているのが日常生活である、そのことを自覚せよと言われます。

無自覚と言えば、沖縄における米軍基地、日本全国にある原発の問題、すべて一部の人々に犠牲と不安を押しつけて平気でいるわたしたちは、そんな無自覚な自分が見えてこないのです。沖縄の人々、原発を受け入れなければならなかった人々に対して、ただ胸が痛む。願わくば、基地・原発がなくなることを願わずにはおれません。

汝、起《た》ちて更に衣服《えぶく》を整《ととの》え
合掌恭敬《くぎょう》して、
無量寿仏を礼《らい》したてまつるべし。

『無量寿経』

最近の世情を見ると、政治、企業、家庭においても、互いに人間関係で緊張関係が不足していると思われます。権力におぼれ、自分たちの主張を無理やり通そうとする国会議員。また、当選のためなら無節操に党を変わる議員。平等的立場に立ち国民ファーストを主張しながら選別排除を平気で言う政治家。そしてそのような議員を選んで平気で無関心を装う国民。すべてにおいて襟を正して緊張感を持って立ち上がるべきです。そのための選挙ですので、わたしたちはしっかりその人の主張を見極めることが大切だと思います。

一方、家庭においてもそうです。嫁姑の憎悪は昔からあったでしょう。今日はさらに、親子・夫婦をはじめとして家族同士、憎しみ合うことが多いのはなぜでしょう。家庭が憩いの場でなくなってしまったのかもしれません。互いにプライバシーの尊重と称して対話の機会が失われています。経典には、「互いに衣服を整えて、もう一度家族の一人ひとりが緊張感と互いに他の人の人格を尊重し敬い合う人間関係の樹立が大事である」と説いています。そうした人間関係の回復は、急務なことです。

煩悩を断ぜずして涅槃を得るなり。

……………親鸞聖人『正信偈』……………

一般仏教では、煩悩を断じて涅槃を得ると説きます。ところが親鸞聖人は、煩悩を断ち切ることなく涅槃を得ると言われるのです。

煩悩を断つには、仏道の修行がいります。それを自力難行と説きます。自ら修行できる人はそれでよいが、親鸞聖人は煩悩具足の身であり、ただ如来の大慈大悲に目覚めて救われる以外に道はないと自覚したのです。必ず今世において浄土往生は、まちがいない道であるとお受け取りになった。煩悩のあるまま救われるとは、あたかも泥田の中の蓮の花のようなものであると言われるのです。

わたしたちは思い通りにならない日常生活で、泣いたり怒ったりしています。今日から心を入れ替え煩悩を断じるというようなものではないのです。如来の慈悲に照らされ煩悩のあるままで念仏申す身にさせていただくのです。足す必要も引く必要もない。そのままでいいのです。

植木等氏の著書『夢を食いつづけた男』で、お父さんの植木徹誠さんが、「スーダラ節」の中の「わかっちゃいるけど、やめられない」というのはよい、これこそ親鸞の他力の世界だ、と言われた。社会派の徹誠さんの言われる意味は深いものです。

人間は二度死ぬのです。

永六輔

永六輔は、人間は二度死ぬと言います。一度目は肉体の死です。これは当たり前のこととしてよくわかります。二度目は「わたし」の存在がすべての人から消えた時です。この死はわたしたちの心の問題です。もしあなたの両親が亡くなって、いま両親のことを思い出すことがあれば、あなたの中に生きておられると思います。反対に天涯孤独で、人知れず白骨となった人は、二度目の死を迎えたのかもしれません。

いま心配なことは、葬儀に関して、家族葬とか直葬とかで人間関係を断ち切っていく風習が出てきたことです。葬儀は派手にする必要はありません。しかし隣近所の人に手伝っていただきながら交流を深めていくことも、大事ではないかと思います。そして葬儀を通じて亡き人の人間関係が明らかになることもあるのです。自分たちにはわからなかった人々との出会いがあるのです。現在は葬儀屋さんに任せっきりの僧侶が多すぎます。少なくとも葬儀はお別れだけではないのです。厳粛なる死というものを自らに自覚させることです。葬儀は亡き人と改めて出会う大事な機会なのです。つまり、わたしたちの一番大切なことは、亡き人と出会い、二度死ぬことのないような人間関係の復活です。

明日ありと思ふ心のあだ桜
夜半《よわ》に嵐の吹かぬものかは

親鸞聖人

今日の歴史家の見解よりすれば、後の人が親鸞聖人に仮託して作ったものであると言われています。ただ、今は史実的真偽の問題はさておき、この歌の心を読み取ってみたいと思います。聖人は九歳のとき、出家得度のため日野の里から東山の青蓮院まで牛車でやって来たと言われます。聖人の出家については、いろいろ考えられますが、やはり両親が幼いとき亡くなったことが大きいと思います。そしてお母さんが源氏の出であると言われています。当時は「平家にあらずんば人にあらず」と言われるように、平家の隆盛の時でした。源氏につながりのある親鸞聖人は、宮廷に仕えるのにも厳しい状況であったかもしれません。そんな中、得度の儀式を行うには夕暮れ時になったので、慈円《じえん》和尚が「明日にしましょう」と言ったとき書いたのが、この歌です。「美しく咲いている桜の花も、一夜の嵐で散ってしまいます。その桜の花よりはかないものが人間のいのちです。明日といわずに、今すぐここで出家させてください」と言われるのです。わたしたちにとって、過去は過ぎ去った思いだけでしょう。未来はまだ来ぬ思いだけでしょう。だから、いのちは今生きているこの一瞬が尊いのです。

生活の中に念仏があるのではなく、
念仏の中に人間生活があるのです。

安田理深

宗教というものを考えると、生活と別なものと受け止められがちなところがあります。ところが今日では、「生活の中で念仏を」が一般的です。しかし、今、安田理深《やすだりじん》先生は、念仏の中にこそ人間生活があると言われるのです。たとえば、インドのヒンズー教の人々は牛を食べません。また、イスラム教の人々は豚を食べません。これらの食生活はすべて神々の教えによって成り立っています。そしてキリスト教では、毎週日曜礼拝があります。家族全員で教会へ行きます。イスラム教の人は一日に四回アラーの神に向かって礼拝します。生活のリズムが神を中心に成り立っています。

ところが日本人の場合、神仏習合の影響からか、宗教ならば何でも引き受けてしまいます。南無阿弥陀仏も南無妙法蓮華経もアーメンも、神社の柏手も、すべて日常生活に取り入れています。何がなんだかわかりません。一般的な人々は、そういう人が信心深いと誤解しています。寛容と曖昧は違います。だから自己の依って立つ信心から発起するのが、日常生活でなければならないのです。「生活の中でチョイと仏法でも」というのではないのです。それならカルチャーセンターで十分です。仏法を物差しとして価値判断していくことが大切です。

どんな現実の難関にあっても
耐えていける人間を生み出す。
それが仏法である。

安田理深

人生には調子の良いときもあれば、思うことがかなわないときもあるでしょう。わたしは十六年前、長女の自死という境遇に出遭いました。何故、どうして娘は自らのいのちを絶ったのか。今考えてもわかりません。夫と四歳の娘を残して自らいのちを絶つということは、死ぬことより辛い何かがあったのでしょうか。ただ娘は躁鬱の病に苦しんでいました。仏さまの教えを聞いて、いのちの尊さはよく知っていたはずです。仏さまの教えでは、自死を止めることはできないのでしょうか。

仏教では縁起の道理を説きます。すべては因縁果《いんねんか》によって成り立っています。その縁に順縁《じゅんえん》と逆縁《ぎゃくえん》が説かれます。順縁のときはあまり感じませんが、逆縁になると深く身に感じます。わたしはしばらくは、悲しみのあまり仕事も手につかない日々が続きました。親鸞聖人は、「さるべき業縁《ごうえん》のもよおせば、いかなるふるまいもすべし」（『歎異抄』第十三条）と言われます。われわれの意識分別に先立って、人間の深い魂によって揺り動かされるのがまた人間です。娘を亡くした親の悲しみは誰にも代わってもらえないかもしれない。安田理深《やすだりじん》先生は、悲しみに打ちひしがれているわたしに対して、「耐えなさい、仏法を聞きなさい」と言われるのです。

死ぬ時に、一人ひとりが豊かな心で
死ねる社会が本当の豊かな社会。

宮城顗

長寿社会をむかえた今日、どのようないのちを生きるかが問われてきています。長生きすることはありがたいことですが、同時に多くのリスクを背負わされていくのです。今、年金問題が浮上しています。百年生きることも不安だらけです。

大阪・泉州の泉大津に伝わる逸話です。ある男が寺へ来て住職に「何とか死なない方法はないか」と尋ねると、住職は思いもかけず「あるよ」と答えたのです。男は「そんな馬鹿な、それなら教えてくれ」と頼むと、住職は「明日聞きに来なさい」と言いました。男はそんなこと本当にあるのだろうかと思いながら寺へ来たのです。住職は「よく聞けよ」と念を押して、「生まれてこんことだ」と言いました。当たり前のことです。それがわからないのが人間でもあります。

清沢満之《きよざわまんし》先生は、「生のみが我等にあらず。死もまた我等なり」と言われました。生と死は手の裏表のように合するものです。

また、宮城《みやぎ》顗《しずか》先生は、「人生を満足して豊かな心で死ねる社会こそ豊かな社会」と言われます。最近、身元を隠して誰にも看取られず、自死する人が増えてきていると聞きます。豊かさとは何か、改めて考えさせられました。

仏法に近代ということはありません。
あるのは末法であります。

藤元正樹

仏教では釈迦滅後五百年を正法《しょうぼう》と言い、これは、仏も法もしっかり受け継がれていた時代です。そして千五百年後を像法《ぞうぼう》と言い、仏も法も形はあるけれども中身はなくなった時代です。像法の後は末法《まっぽう》と言い、仏法もすべてなくなった時代です。日本では鎌倉時代に当たり、ちょうどその頃、地震や台風、飢饉や大火事など天変地異の多い日本では、末法は身に迫るものでした。

今日においても、近代という時代は正しく末法そのものであると言えます。高史《コサ》明《ミヨン》氏が「近代的知性は無明《むみょう》である」と言っていました。本当に近代の科学万能の世界は、どこまでいってても末法そのものであると思います。無明とは、道理に暗いということです。いま藤元正樹先生は、末法の時代を知ることが大事であると言われます。近代文明は、人間の生活を豊かにしてきたことは事実です。しかし豊かさの背景には貧富の差が生まれました。そして、近代は人間喪失の世界であるとすれば、それは末法そのものであるでしょう。

我が身を深く悲しむ心に
仏法のことばが響く。

宮城顗

わたしは決して経験論者ではありません。ただ娘が二十九歳で心の病で自らいのちを絶ったのです。わたしたち家族は、深い悲しみのどん底に落ちてしまいました。子どもを亡くした親の気持ちは、他人にはなかなか理解できないかもしれません。人は悲しい目に遭っている人に対して「お気の毒さま」という言葉で、気の毒がられている人と別れなければならないのです。他と代わってもらえない現実。そんな中、悲しみを共有できないこともあります。当時のわたしは、人の優しい言葉すら受け容れられませんでした。事実を頭ではわかっていても、五臓六腑が承知できなかったのです。ただ娘を縁として、間違いなく家族で仏法を聞く御縁をいただいたことは確かです。娘が亡くなって十六年の月日が経ちましたが、今もわたしたち家族の中に娘は生きています。娘の病が重くなったとき、娘を連れて近くの川の堤防をよく歩いたものでした。娘は少女に戻ったように純真無垢でした。だから現実の辛さ、孤独に押しつぶされてしまったのかもしれません。

宮城《みやぎ》顗《しずか》先生は、「悲しみの中にこそ仏法のことばが、我が身に響く」と言われます。わたしはますます聴聞供養の生活に心がけることを念じています。

釈尊は人間から生まれたのではなく、
人間に生まれたのである。

安田理深

今から二千五百年前、ゴータマ・シッダッタ（釈尊の幼名）は、釈迦族の王子として誕生しました。生まれて十日ほどで母親のマーヤ夫人は亡くなりました。生まれてすぐにお母さんが亡くなるということは、お母さんのことは一切知らないということです。母が自分を産むためにいのちを亡くしたという、その悲しみは如何ばかりであったでしょうか。

仏伝によると、幼い頃のゴータマは内気な性格であったと言われています。「人間に生まれることの意味」がわからず、悩み苦しんだのです。そして、ついに二十九歳のとき、愛する妻と子どもを置いて、出家しました。三十五歳のとき、覚りを得たのです。八十歳で涅槃に入るまで、国々を旅して仏教の真理を説き続けたのでした。

釈尊の生涯を思うと、確かにパセナディ王とマーヤ夫人の間に誕生したことは事実です。しかしその誕生の意味を尋ねていくと、ある時、ある所で、誰々が生まれたというようなものではないのです。お釈迦さまは生まれてすぐに七歩歩んで、「天上天《てんじょうてん》下《が》唯我独尊《ゆいがどくそん》」と誕生宣言されました。安田理深《やすだりじん》先生は、このような神話性は、人間から生まれたのではなく、人間に生まれたことを意味していると言われています。

泣いて馬謖《ばしょく》を斬る。

『十八史略』

仏さまは、すべての人々を救わなければ仏にならないと誓われました。仏さまは、わたしたちを決して裏切らないと誓われました。しかし、人間は事と次第によって裏切ったり裏切られたりしています。

わたしは以前、ある人と、話せばわかると思い、対話を試みました。けれども、話してもわからない人もいることを知らされたのです。人間はたった一言、たった一つの誤解で仲違いをするのです。五十年かけて作ってきた信頼も一言で崩れるものです。わたしは人の道を外して仏教を語る人、また、仏教を語りながら、倫理道徳を無視する人を信用できません。それこそ親鸞聖人は、倫理道徳では生きられない自己を懺悔《さんげ》して仏法に触れたのです。そして八十二歳のとき、息子善鸞と義絶《ぎぜつ》する出来事に遭遇しました。少なくとも親鸞聖人は、自己自身の生き方を真摯に自覚した人であったのです。正直に生きることが大切ですが、それは相手の話を聞き続けることです。

表題は、諸葛孔明が可愛がっていた馬謖が命令に背いて勝手に軍を進め大敗したので、孔明は泣く泣く馬謖を斬ったという逸話です。わたしたちも、人間関係を泣く泣く断ち切らなければならないときもあります。悲しい現実です。

人間は思いというようなところに
自分自身を安んじることができない。

安田理深

人生は思いようであると言う人もいます。それはそれでよいでしょうが、思い通りにならない現実に出会うと、いろいろな思いが出てくるものです。人を恨んでみたり、社会が悪いと言ったりしています。時には現実から逃げようともします。しかし、逃げれば逃げるほど、自分の心は暗くなるのです。どこまでも現実の身を受けていくところに一抹の光明が見いだされるのです。暗いということは、苦しみをなくすものではないのです。

もともと人間の悩みは分別より生じます。分別は大事ですが、仏教ではそれを虚妄《こもう》分別《ふんべつ》と言います。それはたとえば、人が暗闇で、縄を踏んだのを蛇と間違えて思い込むことです。明るいところで見たら蛇に似た縄であったのです。もっと調べてみたらそれは麻で編んだ縄でした。このように真実を見極めるには、段階が要ります。良いとか悪いとか、好きか嫌いか、損か得かなど相容れない対比するものによって心が揺れて悩むのです。それが人間のストレスになるのです。人生は、思いようで何とかなるようなものではないのです。だから安田理深《やすだりじん》先生は、人間は思いというようなところでは安心できる存在ではないと言われるのです。

幸福を求めて　不幸のたねばかり
ばらまいているのが　今の世。

宗正元

人間にとって幸福とは何か、古くて新しい問いです。それは人間の感覚によるからです。宮沢賢治は、「世界全体が幸福にならない限り個人の幸せはあり得ない」と言いました。それに対して現代日本は、高度経済成長の名のもとに、地球的汚染を繰り返し、一部の人々を犠牲にして、今日の物質的豊かさを作ってきたのです。それは、今さえよければ、自分さえよければという考え方です。「アメリカファースト」「都民ファースト」に象徴される今日です。弱者を排除することにつながります。それが難民問題です。ヨーロッパやアメリカでは、難民問題に揺れています。労働が必要なときには他国から受け容れ、要らなくなったら出て行けということです。

また、今日の原発の再稼働と、安全保障関連法は問題です。これこそ人類の不幸の根源と言ってよいでしょう。一方、人々の中には、家庭的に幸せを求めながら、財産問題で親子・夫婦・兄弟がバラバラになってしまった人もいます。

真宗仏教者の宗正元《そうしょうげん》先生は、「幸福を求めて　不幸のたねばかりばらまいているのが　今の世」と言われます。今日の政治・経済・教育・宗教・科学技術、どれを取ってみても不安だらけです。

女性の生理なくして
生まれてきた人はありますか。

岡部伊都子

宗教はしばしば浄穢《じょうえ》の世界を説きます。特に神道においては顕著です。歴史的には、女性の生理が大地を汚すと言われてきました。作家の岡部伊都子《おかべいつこ》さんは、女性の生理こそがいのちの根源であるのに、なぜ女性蔑視が為されたのかと疑問を提示しています。昨今の大相撲で、女性が土俵に上がって挨拶しようとしたら、日本相撲協会から断られたということがありました。また挨拶中に倒れた人を助けるため女性の看護師さんが土俵に上がったとき、「女性の人は土俵からおりてください」と場内放送が流れました。今日、多くのスポーツが男女に開放されています。昔は柔道・剣道などは男中心でした。もちろん男女混合は難しいので、相撲も男女でできるといいと思います。小学生の相撲大会で近年、女性部を廃止したところもあります。

もとより土俵は神聖なものです。長い間培われてきた伝統があるのは事実です。しかし、なぜ女性が土俵に上がれないのか、それこそ性差別そのものです。伝統とは人間の文化・生活によって常に進化するものです。ただ変わらないというだけでその意味が見いだせなければ、それは単なる習俗に過ぎません。相撲協会も、伝統は人間を縛りつけるものではなく、解放するものであることを知ってほしいと思います。

篤く三宝を敬え。
三宝とは仏法僧《ぶっぽうそう》なり。

…………聖徳太子「十七条憲法」…………

右の言葉は、聖徳太子の「十七条憲法」で提示されています。太子は日本で最初に仏教精神によって政治を司った人です。蘇我・物部の戦いで日本に仏教が取り入れられましたが、蘇我氏も物部氏も別に仏教を理解していたとは思われません。ただ聖徳太子には『三経義疏』という仏教を解釈したものが残っています。ですから聖徳太子だけは、仏教を信じ理解して政治を司った人と言えるでしょう。

もとより憲法は、権力者が大衆を押さえつけるためにあるのではないはずです。特に日本では、一九四五年の敗戦により、平和憲法が創設されました。どこまでも主権在民が大切であって、そこに特定の宗教が関わってはならないわけです。

ただ太子は国造りの中で真に仏教を取り入れた人です。そして自ら仏教を学び信仰していきました。太子は、単に政治権力によらず、仏法僧の三宝を敬い、和らぎの精神によって、人々を尊び、国造りをしました。今日、この三宝を敬う精神があれば、戦争もなく、一部の人に原発の放射能の恐怖を与え自身は平然としていることはできないでしょう。権力と金におぼれた昨今の政治家の中で、一人でも太子の精神により政治を司る人がいるならば、と思うのはわたしだけでしょうか。

あとがき

二〇一一年に『ひとくち法話　いま伝えたい言葉』を発刊しました。今回の『ひとくち法話　知っておきたい言葉たち』はその続編と言ってよいでしょう。これまでの中日新聞の「今週の言葉」に執筆したものに加筆訂正を加えたものが本書です。

前回はアウシュヴィッツ研修の時に書き上げました。今日、あれから九年経って人々の平和に対する考えはどのように移り変わったでしょうか。核問題・環境問題等、平和に対する考え方は変わらないでしょうか。否むしろ国粋主義というのか、トランプ大統領のアメリカファーストに代表される考え方が世界全体を覆っています。また、世界にはそれぞれ一国中心主義が蔓延《はびこ》っているようです。それは同時に、国々や地域の貧富の差を生む格差社会を作っていると言ってよいでしょう。

＊

わたし自身は、三年ほど前、急性肺炎と腎不全で百五十日間入院療養をしました。初めて病気の辛さ悲しさを身で体験したのです。入院の間、百日目くらいから眠れなくなり、食欲不振に陥りました。辛い苦しい生活でした。夜中に、あまりの苦しさに念仏を称えました。でも自力作善の念仏では救われないのは当然でした。そんな苦しい中で、『真宗聖典』（東本願寺出版）を開いていましたら、「如来の作願をたずぬれば苦悩の有情をすてずして　回向を首としたまいて　大悲心をば成就せり」（『正像末和讃』）という和讃が目に止まりました。思えば五十年ほど前大学で習った和讃でした。不思議なことに、長い間忘れていた和讃を思い出したのです。その中で特に、「苦悩の有情をすてずして」が気になりました。今、自分は病気で苦しんでいる、自分の身体でありながら何一つ思うようにならないと気づかされたのです。

そんな中で、なるほどそうか、阿弥陀如来の四十八願を立てられた所以は、苦悩の有情を救うためであったのかと知らされたのです。そうしたら苦悩の有情とは誰かと考えたのです。親鸞聖人は、「弥陀の五劫思惟の願をよくよく案ずれば、ひとえに親鸞一人がためなりけり」（『歎異抄』後序）と言われています。これはひょっとしたら何も親鸞聖人に限られたことではなく「中村薫一人のため」とも言えるのではないかと思ったのです。

そして同時に曽我量深先生の言葉が浮かんできました。「如来我となりて我を救いたもう。これ法蔵菩薩の降誕なり」。また「如来は我なり、されど我は如来にあらず」と、如来と我との分限をはっきりされたのです。なるほどと思いました。すべて如来の一人働きであったのです。これこそ如来他力廻向の本願そのものであったのです。

わたしはただ、南無阿弥陀仏の念仏しかないということがわかったのです。病気が縁で大事なことを教えていただきました。それからは病気の身の事実を引き受けていけるようになりました。そこでわたしの生きる意味が見つかったのです。今更外へ出て働くわけにはいかない。その身の事実に樹った時、仏法聴聞がこれからのわたしの生活であり、仕事であると思ったのです。そこで残されたいのちを生きていく覚悟ができたのです。

＊

一九八一年（三十九年前）に来日したヨハネ・パウロ二世教皇は、広島・長崎を訪れて、「戦争は人間のしわざです　戦争は人間の生命の破壊です　戦争は死です」と反戦平和を訴えました。その平和宣言は現在、広島の平和記念資料館に碑となって残されています。一方、二〇一九年十一月には、フランシスコ教皇が来訪されました。長崎・広島を訪れたフランシスコ教皇は、「核はわたしたちを守ってくれない」、「この場所の全犠牲者を記憶する」と核廃絶を訴えました。両教皇とも戦争と平和について語っています。その中でフランシスコ教皇は、厳粛にしてなおかつ愛をもって核廃絶を訴えていました。そして長崎・広島で被爆に遭われたすべての人に神の前でお祈りをされました。

日本は唯一の被爆国であるにもかかわらず、「核兵器禁止条約」に署名せず、批准していません。フランシスコ教皇と日本の安倍晋三総理の対談を聞いておりましたが、その違いは鮮明でした。総理の返答はまったく無味乾燥でした。嘘と誤魔化しに終始していました。悲しい思いをしたのはわたしだけかもしれません。総理の答弁が空々しいのは、日本が米国の核の傘の下にいるからです。原爆が二度落ちたことは、三度目が落ちないという保証をするものではありません。抑止力、仮想敵国を作り上げ、軍備を進めている日本です。

フランシスコ教皇は、「戦争のための最新鋭で強力な兵器を製造しながら、平和について話すことなど、どうしてできるでしょうか。差別と憎悪の演説という役に立たない行為をいくらか繰り返すだけで自らを正当化しながら、どうして平和について話せるでしょうか」と言います。日本の政府のすべてを読み取っておられるようです。政府の言う、「美しい国日本、国民の平和と安全を守るのがわれわれの使命」という空々しい言葉が目に見えています。

そうした中、とうとう「武器見本市」（「DSEI JAPAN」二〇一九年十一月十八〜二十日）まで開催して、非核三原則を無視し、「死の商人」になると思うと末恐ろしいかぎりです。わたしは一切の武器を持たず、平和を願っていく道を探りたいと思います。しかし現実はそうはいきません。最近また、米軍駐留経費の増額が検討されています。新聞では前年度の約一千九百七十四億円を大きく上回り、約八千六百四十億円への増額がアメリカから通達されたと言われます。日本政府は五十年前の日米安保の時、国民から目をそらすため東京オリンピックや万国博覧会を開催しました。それにつけても今の政府の体《てい》たらくぶりは目に余ります。たとえば「桜を見る会」の誤魔化しは、子どもでもわかることです。嘘が嘘を飾り、国民を馬鹿にしています。そのうち時期が来れば忘れるであろうとでも言うのでしょうか。何より困ったことに、案内書や領収書や、名簿もまったくわからないと言うのです。すべて破棄したからわからないと言うのです。そんなことは一般社会では通用しないことです。われわれも税務署に対して、領収書はありません、記憶にありませんと言って通用するのでしょうか。子どもに嘘をついたらいけませんと言いながら平気で大人が嘘をついているとしたら、とても人間教育などできるはずはありません。そういう国会議員を選んだのはわれわれ国民です。本当の民主主義を生きるには、哲学・思想の有る人を選ぶしかありません。ですから選挙は大事です。宮沢賢治は言います。「世界全体が幸せにならなければ個人の幸せはあり得ない」と。静かに耳を傾けたいと思います。

＊

思えば、校正している間に気づきました。本書は、金子大榮先生、曽我量深先生、安田理深先生方の言葉が多く引用されていました。大学時代、金子先生の講義は理路整然として理解しやすかった記憶があります。曽我先生はまったくわかりませんでした。じつは高倉会館の日曜講演の時、自分はまったくわからないのに、最前列にいる老齢の人が深く頷いていたのです。その時大変ショックを受けました。安田先生は相応学舎で五年ほどお聞きしましたが、難しくてわかりませんでした。大学で学んでいた法相唯識とは少し違いました。先生の深い思索の中から出てくる言葉は、わからないなりにもなるほどそうかと頷けたこともありました。今思うと清沢満之先生、宮城顗先生、藤元正樹先生、宋正元先生、暁烏敏先生、毎田周一先生などの先生方にお育てをいただきました。多くの先生から大切なお言葉をいただいたことは有り難いことでした。先生方のご縁で親鸞聖人に出会わせていただきました。それはわたしが道を求める前から、先生方に出会うべきご縁をいただいていたのでした。だからお聞きしたことを後々の人に伝えるのは、聞いた者の責任だと思っています。

親鸞聖人は、曇鸞大師の『安楽集』により、「前に生まれん者は後を導き、後に生まれん者は前を訪え、連続無窮にして、願わくは休止せざらしめんと欲す。無辺の生死海を尽くさんがためのゆえなり」（『教行信証』化身土巻末）と、言われています。わたしたちにとって大切なことは、仏法の伝統を継承することです。それは同時に、当に自らの聞法の姿勢について明らかにすることです。

本書の刊行にあたり、このような出版を快く引き受けていただいた法藏館の西村明高社長、労を煩わせた同編集の満田みすずさんに心よりお礼申し上げます。なお本年（二〇二〇年）は、わたしの法友求法院釋正志（真野正志）さん（いつも表紙の絵を描いて下さった）、ならびに養蓮院釋尼綾友（わたしの愛する娘の岡綾）のそれぞれ十七回会を迎えます。記念すべき年に出版できたことは有り難いご縁でした。

南無阿弥陀仏

二〇二〇年一月十一日

一宮・菩提道場にて　　中村　薫

中村　薫（なかむら　かおる）

1948年愛知県に生まれる。大谷大学文学部仏教学科（華厳学）卒業。同大学院人文科学研究科博士課程仏教学専攻修了。同朋大学文学部仏教文化学科教授、同大学院教授、同大学学長を経て、現在同大学名誉教授。博士（文学）。真宗大谷派嗣講。真宗大谷派養蓮寺前住職。
著書に『ひとくち法話　いま伝えたい言葉』『楊仁山の「日本浄土教」批判』『日中浄土教論争』『中国華厳浄土思想の研究』『正信偈62講』『華厳の浄土』『親鸞の華厳』『いのちの根源』『中村薫講話集』（以上法藏館）
現住所　愛知県一宮市千秋町佐野2935

ひとくち法話
知っておきたい言葉たち

二〇二〇年二月二〇日　初版第一刷発行

著　者　中村　薫
発行者　西村明高
発行所　株式会社　法藏館
京都市下京区正面通烏丸東入
郵便番号　六〇〇-八一五三
電話　〇七五-三四三-〇〇三〇（編集）
〇七五-三四三-五六五六（営業）

装幀　野田和浩
印刷　立生株式会社・製本　清水製本所

ISBN 978-4-8318-8773-3 C0015

NexTone PB000050059号